AF339535

PUBLICATIONS DE LA RENOMMÉE

FAMILLE

FIRMIN-DIDOT

IMPRIMEURS, LIBRAIRES, FONDEURS, GRAVEURS, PAPETIERS,
INVENTEURS ET LITTÉRATEURS

PARIS

SE TROUVE CHEZ L'ÉDITEUR

RUE DES MOULINS, 10.

1856

LA FAMILLE
FIRMIN-DIDOT

S'il est utile pour une nation de connaître ses riches-
ses, il n'est pas moins glorieux pour elle de perpétuer
la mémoire des grands hommes qui l'ont illustrée, dans
l'administration, l'armée, la diplomatie, l'industrie, etc.
Cette vérité a depuis longtemps, été comprise en
France.

Il est des noms que rien ne pourra faire oublier, que
la tradition conservera et que l'avenir redira avec orgueil;
cependant, il est aussi plus d'une gloire bien acquise, plus
d'un titre honorable qui resteraient perdus dans la foule
et que la *Renommée* doit faire surgir; mais il n'en est pas
ainsi pour les Didot, et l'histoire qui nous a légué les noms
des *Elzeviers*, des *Estienne*, etc., ne laissera pas oublier
les leurs, car ils reposent sur des monuments impéris-
sables.

Notre tâche est facile. car nous n'avons qu'à suivre
pas à pas la famille Didot dans ses travaux. auxquels on
doit la plupart des perfectionnements obtenus dans les
procédés de la typographie.

Pour servir d'introduction à cette notice biographique à laquelle nous avons apporté les plus grands soins, nous ne pouvons mieux faire que citer l'extrait suivant de l'*Epître sur les progrès de l'imprimerie*, de M. Pierre Didot, publiée en 1784 :

« J'ai appris, sous mon père, à considérer toute l'étendue des connaissances essentielles à un bon imprimeur. Un bon imprimeur doit faire la nuance entre l'homme de lettres et l'artiste. Il n'est pas nécessaire qu'il soit homme de lettres ; il s'occuperait trop exclusivement de quelques parties qui auraient plus d'attrait pour lui, où qu'il aurait plus étudiées ; mais il faut qu'il ait, sur presque toutes, des notions générales, afin que les diverses matières contenues dans les ouvrages dont on lui confie l'exécution ne lui soit pas tout à fait étrangères. Il lui importe surtout d'être bon grammairien, et il serait à désirer qu'à la connaissance de la langue latine, exigée par les réglements, il joignît celle du grec, et de deux ou trois langues vivantes, les plus répandues. Les principes de la mécanique doivent lui être assez familiers pour qu'il puisse les appliquer utilement à son art. Enfin, il doit être exercé dans les fonctions manuelles des ouvriers, afin de les diriger dans leurs travaux, et de leur indiquer les méthodes les plus promptes et les plus sûres. »

Le premier imprimeur de cette famille fut *François* Didot, né en 1689, fils de Denis Didot, marchand de Paris, apprenti d'André Palart, il fut d'abord libraire en 1713, et la communauté de cette corporation le nomma syndic-adjoint en 1735, et syndic en 1759. Il fut reçu imprimeur en 1754. François Didot, homme instruit, aimé et estimé de tous ceux qui étaient à même de le connaître, conduisit à bonne fin de grandes et honorables entreprises, entre autres, la collection des *Voyages* de l'abbé Prévost, en 20 volumes in-4°. — Il avait sa librairie et son imprimerie, quai des Grands-Augustins, à l'enseigne de la *Bible d'or*, et l'abbé de Bernis, si célèbre plus tard, fut quelque temps employé chez lui, comme correcteur, à sa sortie du séminaire.

Il mourut en 1757, le 2 novembre, après avoir élevé onze enfants, parmi lesquels François-Ambroise Didot et Pierre-François Didot qui suivirent la même carrière que leur père. Deux des gendres de François Didot, furent deux célèbres libraires, Guillaume Debure et Jacques Barrois; sa tante avait aussi épousé un libraire, Jean-Nicolas Nyon, dont le nom remonte, au catalogue de la librairie, à 1580.

Le premier qui donna aux caractères des proportions exactes et invariables, en inventant le système des points typographiques, fut *François-Ambroise* DIDOT, né en 1730. Destiné à succéder à son père, il ne négligea rien pour acquérir non-seulement toutes les connaissances spéciales, mais encore une instruction supérieure.

Il fut reçu imprimeur en 1753, et nommé imprimeur du clergé en 1788. Tous les amateurs de beaux livres connaissent les belles éditions dites d'*Artois* ¹, du *Dauphin* ² et de *Monsieur*, car elles jouissent d'une juste célébrité pour leur exécution et leur correction. Les types employés à ces éditions, beaucoup plus élégants que ceux qui existaient alors, avaient été gravés par son fils Firmin Didot. Benjamin Franklin visita son imprimerie et lui confia son petit-fils auquel Firmin Didot, montra la gravure et la fonte des caractères.

(1) *Recueil de Romans français*, en 64 volumes in-18.

(2) *Collection des Classiques français*, in-18, in-8° et in-4°, imprimée par ordre de Louis XVI, dans laquelle se trouve une *Bible* en 2 volumes in-4" et 6 volumes in-8°.

Il mourut en 1804. — On lui est redevable, non-seulement de la rectification et de l'exactitude des caractères, mais encore de l'invention de la *presse à un seul coup*, dont l'usage devint bientôt général, et de l'introduction en France de la fabrication du papier vélin.

MM. Johannot père et fils, fabricants de papiers, aidés des conseils de François-Ambroise Didot, après plusieurs essais infructueux, réussirent en 1781, à lui fournir du papier vélin, grand raisin, sur lequel fut imprimé un *Conte* extrait des œuvres de Mme de Montesson, puis, plus tard, une partie du poëme des *Jardins*, de Delille. Grâce à François-Amboise Didot, MM. Johannot faisait au commerce d'importantes livraisons de papier vélin, quand MM. Montgolfier en étaient encore aux essais.

Pierre-François DIDOT, frère du précédent, né à Paris, en 1732, fut reçu libraire en 1753, et, en 1765, nommé libraire de Monsieur (depuis Louis XVIII). Il est le créateur de la papeterie d'Essonne, où il fit de grandes améliorations, ainsi qu'aux caractères qu'il perfectionna Comme ses devanciers, il publia de magnifiques éditions, entr'autres ; l'*Imitation de Jésus-Christ*, in-folio, 1780, le *Télémaque*, in-4° et le *Tableau de l'Empire ottoman*, in-folio. Il mourut en 1795. — Une de ses filles épousa Bernardin de Saint-Pierre.

Henri DIDOT (fils de Pierre-François), né en 1775, se rendit célèbre comme graveur, fondeur et comme mécanicien. Chose presque incroyable, c'est à l'âge de 66 ans que Henri Didot grava les caractères dits *microscopiques*, qui servirent pour l'impression des *Maximes de Larochefoucauld* et l'*Horace* ; ces caractères, qui n'ont pas encore été égalés, ont fait longtemps le désespoir des graveurs, et leur ténuité est telle, que pour pouvoir arriver à les fondre il fallut recourir à l'invention d'un nouveau moule que M. Henri Didot créa et qu'il nomma *polyamatype* (1819), attendu que l'on y fond cent lettres à la fois. Cette invention lui valut la médaille d'or.

Dans cette famille tous les membres se prêtent un concours dévoué. Henri Didot, grave les caractères, son fils les compose et son frère, Didot jeune, imprime l'édition hors ligne du *Voyage du jeune Anacharsis*, in-4°.

Didot *Saint-Léger*, second fils de Pierre-François, avait sous sa direction la papeterie d'Essonne, où des papeteries existaient depuis l'an 1300 ; ce sont, avec celles créées à Troyes, les plus anciennes fabriques de papier établies en France. C'est à Didot Saint-Léger, que le pays est redevable du papier dit *sans fin*. Cette invention, dont les premiers essais avaient été faits sur les indications de Robert, contre-maître de François Didot, (essais qui furent renouvelés sans succès au Mesnil, près de Dreux), ne fut définitivement réalisée qu'en 1816. Cette magnifique découverte, ne fut obtenue et portée au plus haut degré de perfection qu'après dix années de labeurs incessants, de voyages réitérés, et de grandes dépenses. Elle fut exploitée en France, à Sorel, d'après les instructions de Didot Saint-Légerchez MM. Berthe et Grevenich, puis, à Jean-d'Heures, dans la propriété du maréchal Oudinot [1], où mourut Didot Saint-Léger.

Edouard Didot, fils de Didot Saint-Léger, né en 1797,

---

[1] Voir la biographie du maréchal Oudinot, duc de Reggio, publiéepar la *Renommée*, année 1842.

et mort en 1825, âgé de vingt-huit ans, nous a laissé une traduction très-estimée des *Vies des poètes anglais*, de Johnson, qui fut publiée par Jules Didot...

Pierre Didot, fils aîné de François-Ambroise, qui lui avait cédé son imprimerie en 1789, décoré de l'ordre de Saint-Michel, est né en 1760, et mort le 31 décembre 1853. A l'Exposition des produits de l'industrie de 1798, le *Virgile* lui valut, ainsi qu'à son frère, Firmin Didot, qui en avait fondu et gravé les caractères, la grande médaille d'or qui ne fut décernée qu'à douze exposants.

Par les soins qu'il apportait à son art et la beauté de ses éditions, il obtint la plus belle des récompenses qui fut jamais décernée à l'imprimerie.

Le gouvernement fit placer ses presses au Louvre, où elles restèrent depuis le Consulat jusqu'au commencement de l'Empire. C'est là que furent imprimées les magnifiques éditions dites *du Louvre*, qui sont composées :

1° Du *Virgile*, in-folio, publié en 1798, avec 25 gravures, d'après les superbes dessins composés par Gérard et Girodet;

2° De l'*Horace*, in-folio, 1799, orné de charmantes vignettes, dessinées par Percier et gravées par Girardet;

3° De *Racine*, 3 volumes in-folio, ornés de 57 gravures, exécutées par les plus habiles artistes, d'après les dessins de Prud'hon, Girodet, Gérard, Chaudet;

4° Des *Fables de la Fontaine*, avec les vignettes de Percier.

Le jury de l'Exposition de 1806 proclama le *Racine*, la plus parfaite production typographique de tous les pays et de tous les âges [1]. Ce monument, élevé à la gloire de

[1] **M.** Brunet, le savant bibliographe, s'exprime ainsi dans son *Manuel du Libraire* : « Cette édition est le livre le plus ma-

Racine et pour lequel, Pierre Didot, par amour de son art, fit les plus grands sacrifices et s'imposa des privations de tout genre, est, à tous égards, supérieur à celui que les Anglais ont élevé à l'immortalité de Shakespeare.

Outre les belles éditions dont nous venons de parler, nous devons citer les *Voyages de Denon*, *l'Iconographie grecque et romaine* de Visconti, et surtout la collection des chefs-d'œuvre français, format in-8°, dédiée aux *Amis de l'art typographique*, et digne, par sa beauté et sa pureté, de ceux à qui elle était destinée.

En lisant, au commencement de cette notice, un fragment de l'*Epître sur les progrès de l'Imprimerie*, on a pu juger que ce célèbre typographe se distingua encore comme littérateur. Pour le faire connaître sous cet autre point de vue, nous allons emprunter encore quelques fragments au livre déjà cité, qui témoignent des nobles sentiments de l'auteur en faveur de sa profession :

> « Ah ! puissé-je, à mon tour, étendre les progrès
> D'un art qui, de mon père, exerça la constance,
> Et qui sut me charmer dès ma plus tendre enfance ! »

Et après avoir énuméré les connaissances que doit posséder un bon imprimeur, il ajoute :

> « Je sens combien ces connaissances sont au-dessus de mon âge et de mon expérience, puisque je vois mon père travailler encore tous les jours à les acquérir. »

Pierre Didot est également auteur des traductions en vers français, du ive livre des *Georgiques*, du 1er livre des

gnifique que la typographie d'aucun pays n'ait encore produit. »

Odes d'Horace et de diverses poésies réunies en un volume.

M. *Jules* Didot, fils du précédent, s'est aussi beaucoup occupé de gravure de caractères typographiques et de fonderie ; on lui est redevable, entre autres belles choses, d'une série d'initiales qui portent son nom ; elles sont remarquables en ce que les extrémités sont arrondies au lieu d'être à vive arrête ; cette forme gracieuse les a rendues d'un usage à peu près général. Il a donné aussi de fort belles éditions ; la *Collection des poëtes grecs*, in-32, publiée par M. Boissonade, celle des *Classiques français*, faisant pendant au *Voltaire* complet en 3 volumes.

Firmin Didot, chevalier de la Légion-d'Honneur, et membre de la Chambre des députés, né à Paris, en 1764, mort le 24 avril 1836, s'est fait un nom célèbre à côté de François-Ambroise Didot, son père, et de Pierre Didot, son frère. Il fut à la fois littérateur, imprimeur, graveur fondeur en caractères et fabricant de papiers. Il succéda à son père en 1789, pour la fonderie, et continua de l'enrichir des types les plus élégants.

On avait vainement tenté, en Angleterre, de graver des caractères d'écriture sans interruption de déliés, il eût la gloire d'y réussir, ce qui permit d'établir, en France, à très-bon marché, des modèles *d'anglaise* et de *ronde* pour les enfants. Ces chefs-d'œuvre de gravure qui sont encore ce qu'on a fait de plus parfait jusqu'à ce jour, sont devenus la propriété de l'imprimerie impériale.

Il fut nommé imprimeur de l'Institut de France, le

16 octobre 1811, et imprimeur du roi, le 15 avril 1814 ; il obtint seul et avec ses fils six médailles d'or aux Expositions de l'industrie.

On doit à Firmin Didot l'invention de la *stéréotypie*, dont il créa aussi le nom. Cette découverte a permis l'impression d'immenses publications qui, sans elle, par les frais qu'elles auraient occasionnés, n'auraient jamais pu voir le jour. Un autre avantage de la stéréotypie, c'est le bon marché qu'elle permet de donner aux éditions, aussi, à son apparition, fit-elle une véritable révolution dans le commerce de la librairie.

L'imprimerie de Firmin Didot fut visitée par les hommes les plus distingués ; l'empereur de Russie y vint en 1814. Plusieurs imprimeurs de Paris et de l'étranger se sont formés à son école, en faisant leur apprentissage dans ses ateliers. Les ouvrages les plus remarquables qui sont sortis de ses presses sont, *la Henriade*, in 4° ; un *Camoëns*, en portugais, in-4° ; un *Salluste*, in-folio. Il a, en outre, publié, en société avec ses fils, *les Ruines de Pompéi, les Antiquités de la Nubie, le Panthéon Egyptien* de M. Champollion-Figeac ; *les Contes du Gai-Savoir* et *l'Historial du Jongleur*, imprimés en caractères gothiques, avec fleurons et vignettes, comme les éditions du XV° siècle.

Après avoir laissé à ses fils la direction des affaires de cette maison sans rivale (1827), Firmin Didot, loin de se livrer aux loisirs d'un repos qu'il avait si bien mérité, consacra toute son activité et tous ses soins aux affaires publiques.

La ville de Nogent-le-Rotrou (Eure-et-Loir), l'appela à l'honneur de la représenter, au sein de la Chambre des députés, où, homme de connaissances spéciales, de conviction et d'indépendance, il prit plusieurs fois la parole sur des sujets d'une haute portée, entre autres, sur la liberté de la presse et les intérêts de la librairie. Son mandat lui fut renouvelé trois fois.

Dans cette carrière tellement remplie, qu'il semble qu'il n'y ait place pour rien autre chose, Firmin Didot a trouvé le temps de doter la littérature de différents ouvrages fort estimés. On a de lui deux tragédies : *la Reine de Portugal*, représentée à Paris, et *la Mort d'Annibal*, où il s'est élevé plusieurs fois à la hauteur de Corneille ; une traduction des *Bucoliques*, des *Chants de Tyrtée* et des *Idyles de Théocrite*, plus une *Notice sur Robert et Henri Estienne*, etc. Ces œuvres lui donnaient le droit de prétendre avec justice au fauteuil académique, lorsque la mort l'enleva à l'âge de soixante-douze ans.

Nous avons fait connaître autant qu'il nous a été possible, Firmin Didot sous le triple point de vue du commerçant, de l'homme public et du littérateur, il nous reste à le faire connaître comme homme privé. Pour que nos lecteurs jugent en parfaite connaissance de cause et non pas sur nos appréciations, nous allons citer textuellement des extraits de sa correspondance qui montreront que chez lui l'éloquence du langage ne le cédait en rien à la noblesse des sentiments.

Nous lisons dans la dédicace de sa traduction des *Bucoliques*, son premier ouvrage littéraire, dédié à son frère, Pierre Didot :

« Puissent nos enfants, lui disait-il, par leur goût pour l'étude, et par une érudition aussi solide que profonde, marcher sur les traces des anciens imprimeurs de Paris. Puissent-ils un jour, et c'est là le but de tous mes soins, de tous mes vœux et le dernier degré de mon ambition, rappeler celui qui est incontestablement à la tête des imprimeries de tous les âges, le fameux Henri Estienne. »

Ces paroles, où respire l'amour de l'art typographique, porté au plus haut degré, n'ont besoin d'aucun commentaire.

Nous extrayons les passages suivants d'une lettre adressée à son fils, M. Ambroise Didot, pour le déterminer à quitter la carrière diplomatique et à se vouer exclusivement à l'imprimerie, il est impossible d'être plus éloquent et plus digne de la célébrité de son nom :

« Non jamais, lui dit-il dans cette lettre, jamais tu ne renonceras à la typographie, puisque c'est à elle que notre famille doit une considération qu'il te faut non-seulement maintenir, mais accroître, en n'oubliant jamais que la considération attachée à un art diminue dès l'instant qu'il ne fait plus de progrès.

« Je vois avec plaisir que tu désires, à ton retour, t'occuper de la gravure des caractères orientaux. *Nous n'examinerons pas si ce travail doit nous être avantageux sous le rapport du commerce, il suffit sans doute qu'il puisse te faire honneur sous le rapport de l'art,* et continuer à augmenter ton goût pour l'étude des langues savantes. »

Et plus loin :

« Toi même, tu te souviendras un jour que, dès lorsque tu travaillais auprès de ton père, les écrits d'Homère, de Sophocle, de Théocrite, de Virgile, d'Horace, disputaient la place à nos burins et à nos travaux commencés ; tu te le rappelleras, non sans quelques douloureux souvenirs, qu'en répétant les vers divins d'Homère, soit dans le morceau de Piram aux pieds d'Achille, soit dans les adieux d'Hector et d'Andromaque, ou de Sophocle, dans ceux d'Ajax à son jeune fils, ou de Virgile dans la nuit de sa Didon, des larmes d'attendrissement tombaient quelquefois sur ces types, qui depuis, nous ont fait quelque honneur. »

Firmin Didot, membre de la Chambre des députés, à qui la place de directeur de l'imprimerie royale avait été proposée par M. Dupont (de l'Eure), alors ministre de la justice, répondait a cette offre par la lettre suivante :

« Mon honorable collègue,

J'accepterai la place de directeur de l'Imprimerie royale aux conditions suivantes :

« 1° Qu'il sera rendu par degrés, et le plus tôt possible, aux imprimeurs de Paris et des départements, toutes les impressions qui, sans nuire à la sécurité du gouvernement, doivent appartenir au commerce et lui ont appartenu;

« 2° Que je puisse m'adjoindre quatre commissaires de mon choix pour cette opération, qui doit être faite avec justice sous tous les rapports;

« 3° Qu'il sera livré à un prix modéré, à tous les imprimeurs de France qui en feront la demande, des fontes de caractères orientaux et étrangers;

« 4° Que je ne recevrai point de traitement.

« Je vous salue ,avec la plus haute estime et la considération que vous méritez.

« FIRMIN DIDOT.
« Député d'Eure et Loir. »

9 août 1830.

Pourquoi ces offres si désintéressées et si loyales ne furent-elles pas agrées? *That ist the question?*

Quelques jours avant de descendre au tombeau, M. Firmin Didot père, fut cruellement éprouvé par la perte douloureuse qu'il fit de son troisième fils *Frédéric-Firmin*, qui secondait dignement ses aînés en dirigeant la papeterie du Mesnil. Il mourut, au mois de mai 1836, âgé de 37 ans.

Ambroise-Firmin DIDOT, fils aîné de Firmin Didot, tout à la fois typographe, graveur, fondeur, membre du

Conseil municipal de la ville de Paris, ancien membre de la Chambre de commerce, est né à Paris, en 1790, et dirige actuellement la maison Didot, avec son frère, *Hyacinthe* DIDOT, qui est né en 1794.

Comme nous l'avons dit dans l'article précédent, après avoir fait d'excellentes études, spécialement dirigées sur la langue grecque, il fut quelque temps attaché à l'ambassade de Constantinople. Lorsqu'il quitta cette position, avant de rentrer en France prendre la direction de la maison de son père, il parcourut, dans l'intérêt de son instruction, les terres classiques de l'Orient. Ce voyage a été productif pour la science, car c'est à M. Ambroise Didot que l'on doit d'être fixé sur la position qu'occupait le *Pergama* (citadelle de Troie), constructions qui avaient échappées jusqu'alors aux investigations de plusieurs savants.

Dans son voyage en Grèce, M. Ambroise Didot avait vu par lui-même les souffrances endurées par ce malheureux pays ; aussi, en 1823, lors de l'insurrection des Hellènes, prit-il l'initiative de la formation d'une *souscription en faveur des Grecs*, à la suite et comme complément de laquelle fut fondé, par ses soins et avec le concours de M. le chevalier Eynard (de Genève) [1], un comité dont il fut secrétaire pendant cinq ans.

On lui doit une savante édition de Thucydide dont la traduction, placée en regard du texte, est d'une grande fidélité. Son *essai sur la typographie* offre le résultat d'une longue expérience et de traditions de famille. L'érudition littéraire et bibliographique s'y joint à la connaissance

---

[1] Voir la notice de M. J.-G. Eynard, publiée par la *Renommée*, année 1845.

approfondie et toute spéciale des divers caractères qui constituent la typographie.

L'art de la fonderie typographique grâce à M. A.-F. Didot s'est augmenté d'un nouveau caractère d'écriture dit *anglaise cursive*, de nouveaux poinçons de type grecs, français, russes, etc.; mais les travaux babyloniens entrepris par MM. Ambroise et Hyacinthe Didot, leur firent céder, en 1840, leur fonderie, si justement célèbre, à l'établissement créé sous le titre de *Fonderie générale*.

Quoique ayant beaucoup fait par lui-même, Firmin Didot avait légué à ses enfants la réalisation d'un de ses vœux les plus ardents, c'était une nouvelle édition du *Thesaurus græcæ linguæ*. C'était une œuvre tout à fait française, car il s'agissait, non seulement de terminer, mais de refondre entièrement le *Trésor* laissé par Henri Estienne.

A l'époque où ce livre fut publié, il y a trois cents ans, bien des textes étaient tronqués, d'autres étaient oubliés, il fallait les rétablir et les retrouver. Pour mener à bonne fin une aussi grandiose entreprise, M. A.-F. Didot commença par s'assurer le concours des hommes éminents dans les sciences, non-seulement en France, mais à l'Etranger. MM. Ast, Boissonade, Cramer, Rost, Schœfer, les frères Dindorff, etc., etc., conjointement avec M. Hase, coopérèrent à l'érection de ce monument élevé à la gloire nationale.

L'authenticité des notes et additions écrites de la main de Henri Estienne sur l'exemplaire de la bibliothèque impériale de Vienne, a été constatée par M. A.-F. Didot, dans les *Prolégomènes*.

15

Une autre entreprise vraiment gigantesque c'est la *Bibliothèque des auteurs grecs*, enrichie de documents inédits, dont le texte a été revu, sur les manuscrits, par les savants les plus distingués de tous les pays. Elle forme la suite de la *Bibliothèque des auteurs latins* de M. Nisard, et de la *Bibliothèque française* qui, elle aussi, est accompagnée de notes et commentaires des critiques les plus éminents.

Ces diverses *bibliothèques* forment déjà **200** volumes renfermant la matière de plus de 1,000 volumes ordinaires.

Tout en s'occupant de grandes entreprises qui s'adressent spécialement aux savants et aux classes élevées de la société, la maison Didot a édité plusieurs ouvrages qui, par la modicité du prix des livraisons et le choix des sujets, ont obtenu un grand succès parmi les classes laborieuses, nous citerons : l'*Univers pittoresque*, *Walter Scott*, l'*Encyclopédie moderne*, la *Biographie générale*.

C'est à Sorel, nous l'avons dit, que fut exécutée en France la première *machine Didot* pour la fabrication du *papier-continu*, mais c'est au Mesnil que ce papier fut séché, pour la première fois, à l'aide de cylindres chauffés par la vapeur. Pour donner à nos lecteurs, une idée de ce *papier sans fin*, disons que les nouveaux moyens employés pour sa fabrication permettent de fabriquer, *dans une seule journée*, chez MM. Didot, des feuilles de papier qui, sur un mètre et demi de largeur, occuperaient cinquante kilom. de longueur (12 lieues et demie). Ces nouvelles inventions ayant amené un grand changement dans le personnel des ateliers, et de jeunes ouvrières se trouvant par là privées de moyens d'existence, MM. Didot, philantropes zélés, autant qu'administrateurs habiles fondèrent une imprimerie où, sous la direction d'ouvriers consommés, ces jeunes filles exécutent la plus grande partie des ouvrages qui se faisaient avant dans leur imprimerie de Paris. Il a été aussi fondé, par M. Hyacinthe Didot, membre du Conseil général du département de l'Eure, titulaire du brevet de l'imprimerie du Mesnil. une école gratuite dirigée par les Sœurs de la charité.

Les fils de MM. A.-F. et H. Didot, préludent d'une manière tout à fait remarquable à leur renommée future. *Bon sang ne peut mentir.* L'un, M. Paul Didot, a déjà apporté une grande amélioration à la papeterie, par l'importante découverte du *blanchiment des chiffons et des plantes textiles par l'adjonction de l'acide carbonique*, publié en 1855. L'autre M. Alfred Didot, qui a fait de solides études, a publié en 1852, une traduction française des *Fragments inédits* de Nicolas, de Damas, découverts à l'Escurial par M. Miller.

Nous avons retracé tous les progrès et toutes les inventions dont l'imprimerie est redevable à la famille Didot, mais ce que nous ne pouvons décrire, c'est la solidarité de sentiments qui en anime tous les membres, et les fait accepter, comme partie de leur héritage, la gloire du nom qu'ils portent et remplir la mission de l'illustrer encore.

EUGÈNE PITON,
Typographe.

Paris. — Imprimerie de H. Canion, rue Bonaparte, 64.